27
Lin 1795 6

C.

ROUSSEAU

JUSTIFIÉ.

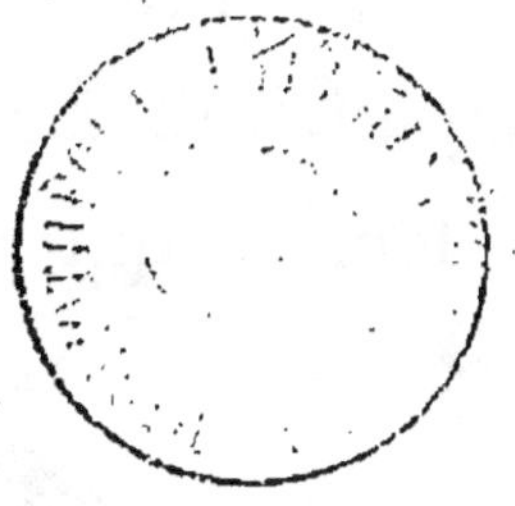
Par J. P.
Béranger,
D'après Barbier.

J. J. ROUSSEAU

JUSTIFIÉ

ENVERS

SA PATRIE.

OUVRAGE dans lequel on a inséré plusieurs Lettres de cet Homme célèbre, qui n'ont point encore paru.

A LONDRES

M. DCC. LXXVI.

PRÉFACE.

L'Ouvrage que je donne au Public est fait depuis deux ans ; la crainte de renouveller des diffentions qu'on devait oublier, empêcha l'Auteur de le publier : il jetta même au feu ce qu'il avait mis au net, il ne lui refta que quelques lambeaux de fes premiers effais ; ils me font parvenus, & je les ai réunis. Le Public reçoit avec indulgence des écrits moins intéreffans que celui-ci, c'eft ce qui m'a encouragé à le lui préfenter. Je ne crois pas déplaire à l'Auteur en difant qu'il pourrait être mieux qu'il n'eft, & qu'il me femble refpirer un peu l'esprit de parti. Etranger à ces objets & à Genève, je ne décide pas, parce qu'il serait difficile que j'en pus bien juger; mais je dis ce que j'en pense, & je crois qu'il me convient de le dire. Je crois pouvoir même assurer, que si l'Auteur avait à refaire son Ouvrage, il le ferait d'une manière plus impartiale. Au reste, cet écrit ne fut point fait parce que Mr. Rousseau désirait qu'on le justifiât, mais parce qu'un ami de Mr. Rousseau crut qu'il était de son devoir de le justifier. Il fut fait sans sa participation : seulement, lorsqu'on était en suspens si on le devait publier, ou le laisser dans la poussière du Cabinet, on lui demanda son avis. Il répondit de sa retraite, que puisque ses amis s'étaient tû jusqu'alors, ils pouvaient continuer de se taire :

Ce font à peu-près fes expreffions , je tiens le fait d'une main sûre. Ses amis en effet garderent le filence ; aujour d'hui je les fait parler ; j'efpère qu'ils ne m'en feront pas un crime, ou que du moins le Public m'en abfoudra.

J. J. ROUSSEAU

JUSTIFIÉ

ENVERS SA PATRIE.

Un homme ignoré, qui n'a de talens que la sensibilité de son cœur, ose prendre la défense d'un homme célèbre & malheureux, haï & persécuté des grands, odieux aux faux dévots, aux tyrans, à quelques auteurs, qui semblent craindre que sa réputation ne s'étende en resserrant la leur; mais estimé, chéri des hommes vertueux & libres. D'autres, sans doute, l'auraient fait que moi; ROUSSEAU a des amis encore, qui l'auraient défendu d'une manière plus

A

digne de lui; peut-être l'ont-ils jugé peu néceſſaire : Pour moi, j'ai cru qu'il importait aux hommes de connaître la vérité, j'ai cru qu'il leur importait de croire que la vertu n'eſt point une chimère, & que celui qui la connut ſi bien, qui nous la fit aimer dans ſes écrits, ne la fit jamais rougir par ſes actions.

Je le ſens, je n'ai pas cette froide indifférence, qu'on croit néceſſaire pour l'exacte diſcuſſion des faits, & je m'en applaudis; je crois en être plus digne de l'eſtime des gens de bien : ce ſont les écrits dictés par un vil intérêt qu'ils mépriſent, le mien l'eſt par un zèle pur & deſintéreſſé; je ne vis jamais celui qui m'inſpire ce zèle, je ne le verrai jamais peut-être, je ne puis en attendre que des éloges, je ne puis les deſirer que comme ceux d'un ami de la vertu, & ce n'eſt qu'en me renfermant toujours dans les bornes ſévères de la vérité que je puis les mériter.

UN ami de l'humanité s'intéresse à celui dont elle échauffa le génie, dont elle dicta les écrits ; ceux à qui la vertu est chere peuvent - ils ne pas aimer celui qui la leur rendit plus chere encore, qui la peignit avec force, avec ces traits qui partent du cœur ? ROUSSEAU me fit éprouver ce sentiment ; j'admirai ses talens, mais un charme plus puissant m'entraîna ; je jouissais de ses succès, ses malheurs m'attendrirent, les cris de ses ennemis me pénétrerent d'effroi, proscrit par des hommes puissans, errant en divers lieux, ils triomphaient de ses peines, & un ris cruel se montrait sur leurs lèvres à chaque larme qu'ils croyaient lui faire répandre. Il souffrait, il méritait de souffrir davantage ; c'était un ennemi de Dieu, c'était un ennemi des hommes ; il voulait par ses écrits renverser la religion, détruire la société ; il avait violé les loix ; il avait semé le trouble, attisé les divisions dans sa patrie. Ces accusations effrayantes tombaient en lisant ses écrits, la derniere restait encore, elle pesait à mon cœur. Je

repouſſais en frémiſſant l'image qu'elle m'offrait, de Rousseau citoyen barbare,
ſacrifiant à ſa vengeance ſes devoirs les plus
ſaints ; Non, diſais-je, non, celui qui aima
tant ſa patrie, qui m'apprit à l'aimer, n'a
pu vouloir la détruire, il n'a pu donner
des conſeils de ſang à ſes concitoyens; un
homme ſi ſenſible aux malheurs des autres
hommes, pouvait-il deſirer, pouvait-il faire
celui de ſes amis ? Comment le croire hipocrite, lui qui, s'il eut [voulu l'être, aurait
fini ſes jours en paix ! Cependant on l'aſſu-
rait ; ſelon ſes ennemis, il fallait être ſtu-
pide ou méchant pour en douter, un grand
nombre de ſes partiſans n'oſait le défendre.
J'ai voulu diſſiper ce doute cruel, j'ai exa-
miné les preuves, j'ai viſité ceux à qui il
confiait les ſecrets de ſon cœur, j'ai lu ſes
lettres, je les ai comparées entr'elles; dans
celles qui devaient être ſecrètes, dans celles
qui ont été publiques, par-tout j'ai reconnu
le ton le plus ſoutenu de la candeur & de
la bonne-foi ; par-tout j'ai vu des traits qui
annoncent un homme ſenſible, quelquefois

faible , prefque toujours généreux , & aucun de ceux qui caractérifent un homme méchant. Le fuccès de mes recherches m'infpire une joie pure & je veux la répandre; ceux que le même doute déchirait doivent la partager. Heureux fi je pouvais calmer la haine de fes ennemis ! Je croirais avoir rendu fervice plus à eux qu'à lui.

LES poffeffeurs de ces lettres ont bien voulu m'en confier quelques-unes ; j'aurais voulu pouvoir placer ici leurs noms , ce ferait une nouvelle preuve de la pureté des intentions de celui qui les écrivit : & ce petit ouvrage en aurait plus de force ; mais des circonftances particulieres ne leur permettent pas d'y confentir ; l'effet de ces circonftances n'aura qu'un tems , & ces lettres pourront ceffer d'être anonimes quant au nom de ceux à qui elles furent adreffées. Que ceux qui penfent que l'auteur d'Emile eft coupable envers fa patrie , le prouvent, comme nous prouvons qu'il ne l'eft pas ; qu'ils le prouvent par des pièces plus authentiques encore ; on doit moins en croire celui qui accufe que celui qui défend.

ROUSSEAU éloigné de Genève dès fa jeuneffe y revint en 1754. pour fe faire réintegrer dans fes droits de Cité ; ce n'eft pas qu'il defirât en jouir, d'autres lieux l'appellaient ; mais le nom de citoyen était doux à fon cœur, il s'en fentait digne. En s'honorant de fa patrie, il voulait lui être uti'e, il le fut & l'honora par fes talens & fes vertus : fes concitoyens, les magif-trats, les pafteurs le reçurent avec politeffe, avec intérêt ; fa reconnaiffance le prouve ; cependant c'eft dans ce même tems que fe jetterent ces femences de haine, qui fe font développées dans la fuite avec tant d'éclat. Paffionné pour tout ce qui eft beau & honnête, il ne voyait que d'un œil d'in-différence & de mépris, les grandeurs, les richeffes & le fafte qui les fuit ; il ne pouvait regarder les propagateurs du luxe comme de bons citoyens ; ami du vrai, il ne favait pas plier fes fentimens au gré de quelques perfonnes qui croyaient lui devoir être utiles, & dont la bonté, l'amitié même ne fe développe guères fans laiffer appercevoir combien on doit s'eftimer heureux d'en être l'objet ; les partifans de l'Ariftocratie connurent fes principes républicains, & fes liaifons avec des citoyens qui avaient été d'un parti contraire dans les troubles précédens ; ils redouterent fon génie ; un citoyen qui ne voulait reconnaître que des égaux, devait être craint de ceux qui rougiffaient d'être obligés d'en reconnaître encore, & de la crainte à la haine le paffage eft facile : fon difcours *fur l'origine & les fondemens de l'inégalité parmi les hommes*, allait paraître, quelques perfonnes defiraient qu'il le dédia au Confeil, il avait alors quitté Genève, un pafteur fut chargé de la négociation, elle ne réuffit pas ; ROUSSEAU dédia fon livre à la République, & ce refus ne fut pas oublié. On admira dans fa dédicace l'étendue de fon génie & la fenfibilité de fon ame ; il fut plaire à fes concitoyens fans les flatter, en leur donnant des conseils utiles & des éloges mérités, en se montrant lui-même patriote sage & zélé, aimant le peuple & respectant ses chefs, ami de l'ordre, de la paix, de la liberté, dévoué à ses devoirs, plein d'amour pour les loix qu'il avait étudiées en philosophe & respectait en citoyen. Il justifia l'attachement que ses compatriotes avaient pour lui, il l'accrut encore par son discours sur *l'économie politique*, & par sa *lettre à Mr. d'Alembert*, *qui conserva nos mœurs*, dit un bon citoyen, *& recula au moins de cent ans notre perte*. Dans un état libre, il y a nécessairement deux partis, & se faire chérir de l'un, c'est se faire détester de l'autre; Rousseau l'éprouva; il parut l'ennemi du parti Aristocratique, & aux yeux de celui-ci, il le fut bien-tôt de l'Etat; c'est une illusion qui égare souvent les politiques, ou dont ils se servent pour égarer les autres; leur cœur s'ouvrit à la haine, elle se nourrit dans le secret; la réputation de Rousseau, l'Europe entiére applaudissant à ses écrits, lui imposerent silence; elle sentait

que

que ſes cris feraient impuiſſans contre l'opinion publique, qu'en éclatant elle ſe dévoilait
& ſe rendait ridicule, elle attendit des circonſtances plus favorables : d'obſcures, de
petites paſſions les préparerent & les firent
maître : on recherchait avec malignité tout
ce qui pouvait rendre ſa religion ſuſpecte,
tout ce qui pouvait avilir ſes mœurs ; ſes
maximes de conduite furent revêtues d'un
vernis de ridicule, on recueillit ces bruits
populaires, calomnies nées dans l'obſcurité
& que l'honnête homme doit y laiſſer mourir ;
on les répandit avec cet air d'indifférence
qui annonce le deſintéreſſement de celui
qui parle & donne de l'autorité à ſes diſ-
cours ; * on ne lui refuſait pas des éloges,
mais on les lui donnait toujours avec des
reſtrictions qui les détruiſaient.

---

* On vit même des bourgeois de Genève penſer comme le bourgeois de Bourdeaux, qu'il eût
mieux fait de s'en tenir au devin du village, qu'il
eût rendu un plus grand ſervice à la ſociété, en
ne faiſant que de pareilles pièces.

LA Nouvelle Héloïfe parut, on en abufa pour donner quelque crédit à ces vagues infinuations. Le livre même fut fur le point d'être profcrit ; il ne pouvait plaire aux Rigoriftes ; il peignait un Athée honnête homme, une femme faible & fenfible qui ofait dépouiller la religion du vain appareil, dont on la défigura ; & cinq ou fix lettres que l'homme de bien ne peut lire fans être ému, fans devenir meilleur encore, ces lettres confolantes dictées par la raifon & l'humanité, combien n'auraient-elles pas fourni de raifons pour profcrire le roman à des hommes nourris dans la morgue théologique ? Cependant il ne le fut pas ; il y avait à Genève dans le confiftoire des hommes, dont l'ame était plus honnête qu'ils n'avaient l'efprit théologien ; Julie n'avait pas affez dogmatifé pour alarmer ces eccléfiaftiques fimples & timorés, dont le zèle s'allume contre tout ce qui attaque leurs opinions, leurs préjugés, ou leur intérêt. Julie avait refpecté fon pafteur même en fe montrant fupérieure à fes confolations, elle en avait été admirée,

& le chrétien le plus rigide en s'attendrif-
fant fur fon fort, aurait voulu mourir comme
elle ; pour ceux qui n'étaient qu'eccléfiaftiques, ROUSSEAU combattant pour eux,
éloignant de nos murs le théatre & les co-
médiens, rivaux toujours trop méprifés &
trop redoutables, leur paraiffait avoir quelque droit à leur indulgence : le citoyen avait
craint pour fes mœurs, l'homme d'églife pour
l'honneur de fon corps, il ne pouvait fe
diffimuler que s'il avait perdu de fon crédit,
s'il était moins refpecté qu'il ne fut jadis,
il l'auroit été moins encore ; dejà des hommes qui n'avaient pas d'autres fpectacles,
refpiraient l'ennui dans l'affemblée des fide-
les, qu'aurait-ce été fi | le fpectacle le plus
enchanteur les eut fans ceffe appellé à lui?
Enfin l'approbation que Paris catholique avait
donné à un ouvrage où les feuls proteftans
étaient ménagés, fufpendit l'arrét, une politique paffionnée le préparait, la crainte du
ridicule l'arrêta.

CEPENDANT Emile avançait, ROUS-
SEAU communiqua en manuſcrit la profeſ-
ſion de foi du Vicaire Savoyard, à un de
ſes amis de Genève : celui-ci vit dabord les
perſécutions qu'il ſe préparait s'il publiait cet
écrit, il ſavait que les Janſeniſtes pouvaient
tout à Paris, & que ces hommes ardens &
ſévères ne pouvaient être tolérans ; il jugea
que ROUSSEAU qui ne les flatta pas dans
Julie, qui refuſa de les ſervir, n'en ſerait
pas épargné ; qu'il leur offrait un moyen de
vengeance convenable à leurs intérêts, &
que ſes ennemis à Genève, qui épiaient les
circonſtances pour l'accabler, ne laiſſeraient
pas échapper celle-ci : apuyés de l'autorité
du Parlement de Paris, ils étaient cenſés
céder au cri univerſel plutôt qu'à l'eſprit de
parti. Il lui expoſa ſes craintes & ROUS-
SEAU les dédaigna, il connaiſſait les hommes. Mais ce fut ici une illuſion de ſon
cœur, il crut qu'en ne leur parlant que de
vérité, de vertu, de raiſon, d'humanité,
il n'en avait rien à craindre, il ſe trompa.
Le livre parut ; on fait ſon ſort à Paris, la

nouvelle en vint aussi-tôt à Genève, la fen-
sation qu'elle y fit est incroyable, ce fut
un coup de foudre pour les citoyens, un
triomphe pour les ennemis de ROUSSEAU.
Le requisitoire de Joli de Fleuri à la main,
ils allaient répandre l'alarme par-tout ; l'ami
de la liberté, l'ami des hommes fut peint
comme un hipocrite, comme un impie ; il
jettait enfin le masque qu'il s'était lassé de
porter, il n'était venu à Genève que pour
se jouer de la religion de son pays, en feignant
de la reprendre. Dejà on entendait le bruit
des chaînes qu'on lui préparait, & un de
ces hommes chargés d'annoncer un Dieu clé-
ment & bon, crut être doux encore en déclarant que la main qui avait écrit Emile
méritait d'être réduite en cendres. Il est des
instans de terreur & d'étourdissement pour
le peuple le plus éclairé ; le Genevois est
sage, il est instruit ; mais quand il s'agit
des intérêts de Dieu, il est comme tous les
autres, facile à tromper ; les hommes les
plus froids & les plus tolérans, dans de
certaines circonstances, entraînés par le tor-

rent, deviennent entoufiaftes & perfécuteurs. Dans ces premiers momens donc, le zèle l'emporta fur le patriotifme : les autorités, les déclamations de quelques dévots féduits, & de ceux qui avaient intérêt à fe couvrir du mafque de la Religion, en impoferent; on n'avait point encore Emile, & l'on craignait de confondre fa caufe avec celle d'un homme que tant de *gens en place* traitaient d'impie & de perturbateur de la fociété. On fe tut, & ROUSSEAU parut d'abord avoir tous fes concitoyens contre lui : quelques fages cependant lui reftaient; mais les fages font faibles, quand il faut lutter contre les préventions populaires & les décifions des Tribunaux. Un feul ofa d'abord fe montrer, il ofa défendre fon ami & la vérité, il effaya d'arracher des mains des Magiftrats la fentence injufte qu'ils allaient rendre, il exhorta les citoyens à modérer leur zèle, & à attendre que le Livre qu'ils condamnaient fût connu, il fut peu écouté. Dans le Confeil un feul Magiftrat parla pour ROUSSEAU, quelques-autres defiraient fufpendre ou modérer l'arrêt, ils voulaient s'inftruire; mais ils réfiftaient avec faibleffe, ils furent entraînés, & l'on prononça une fentence qu'on n'aurait pas dû attendre du Sénat d'un peuple libre. Le Livre fut brûlé, l'Auteur décrété fur de fimples lambeaux que les fcholarques en avaient extraits, & fur le requifitoire d'un Magiftrat qui avouait avoir à peine parcouru Emile & le Contrat Social.

A DIEU ne plaife que je goûte un plaifir funefte à retracer un moment d'erreur qui coûta fi cher à ma Patrie! Pardonne, citoyen vertueux, pardonne fi le defir de détruire des accufations qui te firent méconnaître, dont on calomnia ta vie, & qui verferent fur elle un poifon amer, me fait rappeller des tems que ton amour pour la paix voudrait pouvoir faire oublier; le def_fein affreux de réveiller dans les cœurs une haine expirante ne peut naître dans le mien, je te ferais rougir d'avoir un tel défenfeur, ce ferait te fervir en ennemi : je me fouviendrai toujours que je dois également & la vérité & la modération, * que je dois fupprimer tout ce qui peut l'être.

JE ne réunirai donc pas ici toutes les raifons qui devaient empêcher le Confeil de Genève de prononcer cette fentence; mais je dirai qu'elle fut précipitée, je dirai que les Pères de la Patrie n'en doivent punir les enfans, que lorfqu'ils ne peuvent ne le pas faire ; qu'une Loi parlait pour ROUSSEAU, ou pouvait parler pour lui ; qu'il eft plus digne d'un Magiftrat Citoyen d'étendre le fens d'une Loi pour fauver un de fes frères, que de le refferrer pour le punir; je dirai que ROUSSEAU méritait des égards de tous les hommes, & plus encore de fes concitoyens; que fi l'on voulait fe croire dans la néceffité d'imiter la France, il ne

fallait

* Je devrais ajoûter pour rendre mieux ma penſée: *Je me ſouviendrai que je peux ſupprimer tout ce qui doit l'être.*

fallait pas être plus févère ou plus injufte qu'elle.

CEPENDANT ROUSSEAU fuyait de fa retraite, il abandonnait des amis, il efpérait en retrouver dans fes concitoyens ; l'intolérance & fes fuppôts le pourfuivaient, & lui, dont les écrits refpiraient l'humanité, lui, qui avait cru par eux contribuer au bonheur des hommes, n'avait à en attendre que des chaînes, & peut-être dès bourreaux. L'indignation déchirait fon cœur, le fouvenir de fa Patrie le calmait, il fe flattait d'y pouvoir finir fes jours fous la protection de ces Loix qu'il trouva autrefois fi fages, au milieu de ces hommes éclairés & juftes dont il traça le tableau, dans le fein de la paix & de l'amitié ; l'eftime de fes compatriotes le confolait de l'injuftice des autres hommes ; fon ame s'ouvrait à la joye, & c'eft dans ces momens qu'il reçoit la nouvelle accablante que fes livres y ont été brûlés comme infâmes, qu'il y a été décrêté, qu'on y eft plus injufte encore que dans les lieux dont il fuyait : je ne peindrai pas fa douleur, que tout homme fenfible fe place dans les mêmes circonftances, qu'il confulte fon cœur, l'émotion, le faififfement qu'il éprouvera lui donnera une image de celui de ROUSSEAU. Un autre afyle s'ouvre, & cet afyle même le pénètre d'un fentiment amer, il n'eft pas dans fa Patrie, c'eft un étranger qui le lui offre. Il l'accepte cependant, & c'eft de-là qu'il écrit à un ami.

" CE que vous me marquez, eft à peine croyable ; quoi ? décrêté fans être ouï ! Et où eft le délit, où font les preuves ? Genevois, fi telle eft votre liberté, je la trouve peu regrettable. Cité à comparaître, j'étais obligé d'obéir, au lieu qu'un décrêt de prife de corps ne m'ordonnant rien, je puis demeurer tranquille. Ce n'eft pas que je ne veuille purger le décrêt, & me rendre dans les prifons en tems & lieu, curieux d'entendre ce qu'on peut avoir à me dire, car j'avoue que je ne l'imagine pas. Quant à préfent, je penfe qu'il eft à propos de laiffer au Confeil le tems de revenir fur lui-même, & de mieux voir ce qu'il a fait. D'ailleurs il ferait à craindre que dans ce moment de chaleur, quelques Citoyens ne viffent pas fans murmure le traitement qui m'eft deftiné, & cela pourrait réveiller des aigreurs qui doivent refter pour jamais éteintes; mon intention n'eft pas de jouer un rôle, mais de faire mon devoir ".

" Le zèle que vous marquez ouvertement pour mes intérêts ne me fait aucun bien préfent, & me nuit beaucoup pour l'avenir, en vous nuifant à vous-même. Vous vous ôtez un crédit que vous auriez employé plus utilement pour moi en des tems plus heureux. Apprenez à louvoyer, mon ami, & ne heurtez jamais de front les paffions des hommes, quand vous voulez les ramener à la raifon. L'envie & la haine font maintenant contre moi à leur comble; elle diminuera, quand ayant depuis long-tems ceffé d'écrire, je commencerai d'être oublié du Public, & on ne craindra plus de moi la vérité : Alors ; fi je fuis encore, vous me fervirez, & l'on vous écoutera. Maintenant taifez-vous , refpectez la décifion des Magiftrats & l'opinion publique ; ne m'abandonnez pas ouvertement, ce ferait une lâcheté ; mais parlez peu de moi, n'affectez point de me défendre, écrivez-moi rarement, & fur-tout gardez-vous de me venir voir, je vous le défends avec toute l'autorité de l'amitié. Enfin, fi vous voulez me fervir, fervez-moi à ma mode : je fais mieux que vous ce qui me convient. Yverdon, le 22. Juin 1762 ".

Deux jours après il écrivit ce billet : " Encore un mot, & nous ne nous écrirons plus qu'au befoin ; ne cherchez point à parler de moi, mais dans les occafions dites à tous nos Magiftrats que je les refpecterai toujours, même injuftes. Je fens dans mes malheurs que je n'ai pas l'ame haineufe, & c'eft une confolation pour moi de me fentir bon auffi dans l'adverfité. Adieu, fi mon cœur eft

ainſi pour les autres , vous devez compren-
dre ce qu'il eſt pour vous ".

C'eſt ainſi que dans le ſein de l'amitié il
déployait ſon ame citoyenne ; ſi la vengeance
était ſi douce à ſon cœur , s'il ne reſpirait
qu'elle , pourquoi n'en laiſſe-t-il pas au moins
échaper le deſir ? Dans ces momens où l'offenſe eſt récente , où la douleur eſt la plus
vive , l'homme ne ſait point feindre , &
quelle en aurait été la néceſſité ? il parlait
à un ami , & un ennemi-même lui eût
pardonné de verſer dans le ſecret des larmes de reſſentiment. S'il l'avait ce reſſentiment atroce qu'on lui ſuppoſe , s'il voulait
qu'on le ſervît , il fallait qu'il l'inſpirât , &
à qui pouvait-il mieux l'inſpirer , qu'à un
ami qui s'intéreſſait à ſon ſort avec tant
de tendreſſe & de chaleur ? Cependant ſon
Livre était arrivé à Genève, il était lu, le
Peuple ſe calmait, il commençait à rougir
d'avoir jugé avec tant de précipitation un
homme juſqu'alors irréprochable ; plus on le
lui peignit criminel, & moins il le trouvait

coupable ; il vit qu'une très-petite partie du Livre l'avait fait condamner ; que dans cette partie il n'y avait que des doutes préfentés comme des doutes, & on l'avait accoutumé à tolérer plus que cela ; il foupçonna que le plus grand crime de Rousseau pourrait bien être d'avoir aimé le Peuple ; il s'indigna de voir gémir fous l'infâmie d'un décrêt un homme qui devait être fi cher aux vrais Patriotes ; mais plus la faveur des Citoyens fe déclarait, & plus le Confeil s'obftinait à foutenir un jugement dont il commençait à prévoir les fuites funeftes. Quelques Citoyens allerent demander à Mr. le Premier Syndic, s'il était vrai qu'il y eût un décrêt contre Rousseau : il le nia. Cependant on difait qu'il était décrêté, quelques perfonnes avaient entendu la fentence ; fa famille en demanda par requête la communication , elle lui fut refufée ; cette manière ténébreufe de procéder était effrayante, on en voyait peu d'exemples dans les Tribunaux de l'Europe, & l'on ne penfait pas qu'un Peuple libre pût le donner.

L'Ami de Rousseau lui apprit ce qui venait de se faire, il lui parla de ce Magistrat qui l'avait défendu dans le Conseil, il reçut cette réponse.

" Je vois bien, cher Concitoyen, que tant que je serai malheureux vous ne pourrez vous taire, & cela vraisemblablement m'assure vos soins & votre correspondance pour le reste de mes jours. Plaise à Dieu que toute votre conduite dans toute cette affaire ne vous fasse pas autant de tort, qu'elle vous fera d'honneur! Il ne fallait pas moins avec votre estime, que celle de quelques vrais Pères de la Patrie, pour tempérer le sentiment de ma misère dans un cours de calamités que je n'ai jamais dû prévoir. La noble fermeté de Mr. Jallabert ne me surprend point; j'ose croire que son sentiment était le plus honorable au Conseil, ainsi que le plus équitable : & c'est pour cela même que je lui suis encore plus obligé du courage avec lequel il l'a soutenu. C'est bien des Philosophes qui lui ressemblent que l'on peut dire que s'ils gouvernaient l'Etat , les Peuples feraient heureux ".

" JE suis auffi fâché que touché de la démarche des Citoyens dont vous me parlez ; ils ont cru dans cette affaire avoir leurs propres droits à défendre, fans voir qu'ils me faifaient beaucoup de mal. Tout tefois fi cette démarche s'eft faite avec la décence & le refpeȼt convenables , je la trouve plus nuifible que répréhenfible. Ce qu'il y a de fûr, c'eft que je ne l'ai ni fue ni approuvée, non plus que la requête de ma famille, quoiqu'à dire vrai le refus qu'elle a produit foit furprenant & peut-être inoui ".

" PLUS je pèfe toutes ces confidérations, plus je me confirme dans la réfolution de garder le plus parfait filence ; car enfin que pourrai-je dire fans renouveller le crime de Cam ? Je me tairai , mais mon Livre parlera pour moi, chacun y doit voir avec évidence, qu'on m'a jugé fans m'avoir lu ".

" Non-

" Non-seulement j'attendrai la fin de Septembre pour aller à Genève, mais je ne trouve pas même ce voyage fort néceſſaire depuis que le Conſeil lui-même déſavoue le décrét, & je ne ſuis guère en état de faire une pareille corvée. Il faut être fou dans ma ſituation, pour courir à de nouveaux déſagrémens, quand le devoir ne l'exige pas. J'aimerai toujours ma Patrie, mais je n'en puis plus revoir le ſéjour avec plaiſir. Yverdon, 7 Juillet 1762 ".

On voit par cette lettre quels avaient été juſqu'alors ſes projets, il voulait purger ſon décrêt, & ne voulait s'y ſoûmettre que parce qu'il attaquait ſon honneur ; on voit combien il eût été facile de le ſatisfaire, à quel prix léger il eût mis l'oubli d'une offenſe qui avait ajoûté le poids le plus accablant à ſes malheurs. Mais ſi le Conſeil connut ſes diſpoſitions, s'il les crut ſincères, il ne crut pas néceſſaire de ſacrifier l'honneur de ſon Corps au repos de la Patrie, & il mettait l'honneur de ſon Corps à ſou-

D

tenir fa fentence dans toute fa force : peut-
être croyait-il n'avoir pas été injufte, ou
l'avoir été moins ; peut-être ne prévoyait-il
pas toutes les fuites de cette injuftice. Les
malheurs de ROUSSEAU n'avaient pas éteint
la haine de fes ennemis, il avait trouvé
un afyle, & cet afyle les affligeait. Refugié
en Suiffe, il y avait été reçu avec une
hofpitalité digne des premiers tems : Mr. de
Moiry, Baillif d'Yverdon, homme de Lettres
& Philofophe, l'accueillit comme fon frère,
& en fit bientôt fon ami ; à fon exemple
fa nombreufe & refpectable famille l'acca-
blait de careffes ; il lui femblait qu'il n'é-
tait plus malheureux, le calme renaiffait
dans fon cœur, il s'ouvrait aux douceurs
de l'amitié & de la reconnaiffance. Un arrêt
de Berne vint le tirer de cette fécurité.
Quelques Sénateurs ne l'avaient pas vu avec
plaifir dans le fein de l'Etat dont ils étaient
les Chefs ; des Genevois dont il faut taire
les noms apprirent fes difpofitions, il les
féconderent, ils folliciterent un arrêt d'ex-
pulfion ; on choifit, pour le faire paffer avec

moins d'oppofition , un jour de vacances
où le Sénat était prefque défert : ROUSSEAU
s'arracha en gémiffant d'un afyle qui lui était
devenu cher par les vertus de ceux qui
l'habitaient ; il fuit à Neufchâtel : un ami
généreux, un Protecteur puiffant l'y accueillit encore. Il n'ignora pas long-tems d'où
partait le dernier trait qui l'avait percé ;
fon reffentiment fut aigri , celui des Citoyens
le fut davantage : bientôt ils le manifefte-
rent ; le tems approchait où ils devaient
confirmer Mr. T. dans fa Charge de Procu-
reur-Général : d'une famille puiffante , nourri
dans des principes Ariftocrates , fes talens ,
fes richeffes , fes vertus même le rendaient
redoutable ; il était l'ami de Mr. de Voltaire ,
& Mr. de Voltaire n'était pas aimé ; il était
partifan du théâtre , & on craignait le théâtre ; il était l'ennemi que ROUSSEAU femblait devoir craindre le plus , & ROUSSEAU
était chéri ; on effaya de lui ôter fa charge ,
la pluralité des voix fut pour lui , mais il
lui manqua quatre cents fuffrages. Peut-être
on eut tort, au moins les effets montrerent

qu'il eſt dangereux de montrer à un Citoyen puiſſant une haine impuiſſante.

CEPENDANT cette premiere marque de l'indignation du Peuple imprima quelques légers mouvemens d'inquiétude & de terreur dans ceux qui pouvaient craindre d'en être les objets ; les amis de ROUSSEAU eſſayerent d'en profiter. Un Citoyen, ſur-tout celui qui dans la ſuite a été accuſé d'être depuis trente ans un *Précepteur de ſédition*, de créer des ſujets de plaintes, afin d'avoir à faire des Repréſentations, quoique juſqu'alors il ſe fut oppoſé à celle que quelques perſonnes propoſaient de faire ; l'Auteur des Obſervations ſur les Savans Incrédules, viſita les principaux Magiſtrats, les preſſa, les conjura, & le fit en vain ; il ſemblait qu'une main inviſible s'oppoſât à tous ſes efforts ; les avis les plus ſages furent également rejettés. Ce fut en vain encore qu'on eſpéra que la réponſe à Mr. l'Archevêque de Paris, en dévelopant les ſentimens répandus dans Emile, appaiſeraient les clameurs qu'ils avaient fait élever ; en ajoûtant à la gloire de l'Auteur, il accrut la haine de fes ennemis, & ne fervit guères qu'à faire des partifans zélés de l'Archevêque dans nos Miniftres, & dans ceux qui avaient réfolu d'être ce que ROUSSEAU n'était pas.

LES amis de la paix en travaillant à concilier les efprits, à trouver des tempéramens pour calmer les diffentions naiffantes, fe conformerent aux vœux de leur Concitoyen ; lui-même avait fait des démarches particulières & fecrettes, il avait employé des perfonnes refpectables, & n'avait pas réuffi. Indigné de l'injufte dureté, des déclamations offenfantes qui fe multipliaient, des accufations outrageantes dont on le chargeait, il fe réfolut à faire une abdication qu'il méditait depuis quelque tems, & qu'un ami qui ne l'avait pas ignorée avait fufpendu, parce qu'elle rompait fes mefures pour amener le Confeil à une efpèce d'accommodement. Il écrivit donc à Mr. le P. Syndic Fabre.

MONSIEUR,

" REVENU du long étonnement où m'a jetté de la part du Magnifique Conſeil, le procédé que j'en devais le moins attendre, je prends enfin le parti que l'honneur & la raiſon me preſcrivent, quelque cher qu'il en coûte à mon cœur. Je vous déclare donc, & je vous prie de déclarer au Magnifique Conſeil, que j'abdique à perpétuité mon droit de Bourgeoiſie & de Cité dans la Ville & République de Genève. Ayant rempli de mon mieux les devoirs attachés à ce titre, ſans jouir d'aucun de ſes avantages, je ne crois point être en reſte avec l'Etat en le quittant. J'ai tâché d'honorer le nom Genevois, j'ai tendrement aimé mes Compatriotes, je n'ai rien oublié pour me faire aimer d'eux, on ne ſaurait plus mal réuſſir. Je veux leur complaire juſques dans leur haine; le dernier ſacrifice qui me reſte à faire, eſt celui d'un nom qui me fut ſi cher. Mais, Monſieur, ma Patrie en me devenant étrangère, ne peut me devenir indifférente;

je lui reſte attaché par un tendre ſouvenir & je n'oublie d'elle que ſes outrages. Puiſſe-t-elle proſpérer toujours, & voir augmenter ſa gloire! Puiſſe-t-elle abonder en Citoyens meilleurs, & ſur-tout plus heureux que moi! Recevez, Monſieur, les aſſurances de mon profond reſpect ".

J. J. ROUSSEAU.

CETTE abdication devait tout finir, elle anima tout; ceux qui l'avaient réduit à cette extrémité en recueillirent les fruits en inſultant à ſa diſgrace; & le Peuple qui le perdait ſans retour, dans ſa douleur, l'accuſa de manquer à ſa Patrie. Mr. Chapuis, ami de ROUSSEAU, homme ſage & inſtruit le lui reprocha durement, comme on le voit par la réponſe qu'il reçut. Il prétendit qu'il n'avait pas le droit de renoncer à ſa qualité de Citoyen, ni celui de ſe plaindre de ſa Patrie. " Que parlez-vous des outrages qu'elle vous a faits? Vous n'en avez reçu que de 25 de ſes Membres, qui même n'ont pas tous consenti à l'arrêt qui vous a proscrit ". ROUSSEAU répondit avec aigreur, & prit à son tour le ton de reproche. Cette Lettre dont ses ennemis ont fait un si grand usage pour le rendre responsable des malheurs de la République, & justifier la haine qui les animait contre lui, mérite d'être placée ici : Nous ne voulons rien dissimuler.

" Je vois, Mr., par la Lettre dont vous m'avez honoré le 18 de ce mois, que vous me jugez bien légérement dans mes disgraces : il en coûte si peu d'accabler les malheureux, qu'on est presque toujours disposé à leur faire un crime de leur malheur.

" Vous dites que vous ne comprenez rien à ma démarche, elle est pourtant aussi claire que la nécessité qui m'y a réduit. Flétri publiquement dans ma Patrie, sans que personne ait réclamé contre cette flétrissure, après dix mois d'attente, j'ai dû prendre le seul parti propre à conserver mon honneur si cruellement offensé ; c'est avec la plus

vive

vive douleur que je m'y fuis déterminé ,
mais que pouvais-je faire ? En demeurer vo-
lontairement membre après ce qui s'était
paffé , n'était - ce pas confentir à mon deshonneur ? "

" JE ne comprends point comment vous
m'ofez demander ce que m'a fait la Patrie ,
un homme auffi éclairé que vous ignore-t-il
que toute démarche publique faite par le
Magiftrat eft cenfée faite par tout l'Etat,
lorfqu'aucun de ceux qui ont droit de la
défavouer ne la défavoue ? "

" JE ne dois pas feulement compte de
moi aux Genevois, je le dois encore à moi-
même, au Public dont j'ai le malheur d'ê-
tre connu, à la poftérité de qui je le ferai
peut-être. Si j'étais affez fot que de vouloir per-
fuader le refte de l'Europe , que les Genevois ont défaprouvé la procédure de leur
Magiftrat, ne s'y moquerait-on pas de moi?
Ne favons-nous pas , me dirait-on, que la
Bourgeoifie a droit de faire des repréfenta-

E

tions dans toutes les occasions où elle voit les Loix léfées, & où elle improuve la conduite des Magiftrats; qu'a-t-elle fait depuis près d'un an que vous avez attendu? Si cinq ou fix Bourgeois feulement euffent protefté, on pourrait vous croire fur les fentimens que vous leur prêtez; cette démarche était facile & légitime, elle ne troublait point l'ordre public, pourquoi donc ne l'at-on pas faite? Le filence de tous ne dément-il pas vos affertions? Montrez-nous les fignes du défaveu que vous leur prêtez. Voilà, Mr., ce qu'on me dirait, & qu'on aurait raifon de me dire; on ne juge pas les hommes fur leurs penfées, on les juge fur leurs actions. "

" Il y avait peut-être divers moyens pour me venger de l'outrage, mais il n'y en avait qu'un pour le repouffer fans vengeance, & c'eft celui que j'ai pris: ce moyen qui ne fait de mal qu'à moi, doit-il m'attirer des reproches, au lieu des confolations que je devais efpérer? "

" Vous me dites que je n'avais pas droit de demander l'abdication de ma Bourgeoifie ; mais le dire, n'eft pas le prouver ; nous fommes bien loin de compte, car je n'ai point prétendu demander cette abdication, mais la donner : j'ai affez étudié mes droits pour les connaître, quoique je ne les ai exercés qu'une fois feulement. Ayant pour moi l'ufage de tous les Peuples, l'autorité de la raifon, le Droit Naturel, de Grotius, de tous les Jurifconfultes, & même l'aveu du Confeil , je ne fuis pas obligé de me régler fur votre erreur. Chacun fait que tout pacte dont une des Parties enfreint les conditions, eft nul pour l'autre. Quand je devais tout à ma Patrie, ne me devait-elle rien ? J'ai payé ma dette, a-t-elle payé la fienne ? On n'a jamais droit de la déferter, je l'avoue ; mais quand elle nous rejette, on a toujours droit de la quitter : On le peut dans les cas que j'ai fpécifiés, & même on le doit dans le mien ; le ferment que j'ai fait envers elle, elle l'a fait envers moi : en violant fes engagemens, elle

E ij

m'affranchit des miens; & en me les rendant ignominieux, elle me fait un devoir d'y renoncer ".

" Vous dites que si des Citoyens se présentaient au Conseil pour demander pareille chose, vous ne seriez pas surpris qu'on les incarcerât; ni moi non plus je n'en serais pas surpris, parce que rien d'injuste ne doit surprendre de la part de quiconque a la force en main; mais bien qu'une Loi qu'on n'observera jamais, défende au Citoyen qui veut demeurer tel, de sortir sans congé du territoite, comme on n'a pas besoin de demander l'usage d'un droit qu'on a, quand un Genevois veut quitter sa Patrie pour aller s'établir dans un Pays étranger, personne ne songe à lui en faire un crime, & l'on ne l'incarcerera point pour cela. Il est vrai ordinairement que cette renonciation n'est pas solemnelle; mais c'est qu'ordinairement ceux qui la font, n'ayant pas reçu des affronts publics, n'ont pas besoin de renoncer publiquement à la Société qui les leur a faits ".

" J'ai attendu, j'ai médité, j'ai cherché long-tems s'il y avait quelque moyen d'éviter une démarche qui m'a déchiré : je vous avais confié mon honneur, ô Genevois ! & j'étais tranquille, mais vous avez fi mal gardé ce dépôt, que vous me forcez de vous l'ôter ".

" Mes bons anciens Compatriotes que j'aimerai toujours malgré votre ingratitude, de grace ne me forcez pas par vos propos durs & malhonnétes de faire publiquement mon apologie ; épargnez-moi dans ma mifère la douleur de me défendre à vos dépens ".

" Souvenez-vous, Monfieur, qne c'eſt malgré moi que je fuis réduit à vous répondre fur ce ton ; la vérité dans cette occafion n'en a pas deux ; fi vous m'attaquiez moins rudement, je ne chercherais qu'à verfer des larmes dans votre fein ; votre amitié me fera toujours chère, je me ferai toujours un devoir de la cultiver ; mais je vous conjure en m'écrivant de ne pas me la rendre fi cruelle, & de mieux confulter votre cœur : je vous embraffe de tout le mien ".

IL y a fans doute trop d'aigreur dans cette Lettre, l'amour-propre offenfé paraît l'avoir dictée ; mais y voit-on que fon Auteur *foupirât après les diffentions* ? voit-on qu'il en attife le feu ? Pour l'interpréter dans ce fens, il faut defirer d'y trouver celui qu'on y trouve enfin. Quand il aurait écrit à cinq ou fix de fes amis les plus ardens, qu'il les eût exhorté, preffé de faire une repréfentation, qu'il leur eût dit que ce n'était qu'à ce prix qu'il pouvait demeurer leur Concitoyen, un homme impartial & fage ne verrait point encore en lui un perturbateur du repos public ; & on l'y voit, lorfque blâmé d'avoir abdiqué, il répond qu'il s'eft cru dans la trifte néceffité de le faire, qu'il en avait le droit ; lorfqu'il fait entendre que cette démarche coûtait tant à fon cœur, qu'une proteftation publique de cinq ou fix Bourgeois, telle qu'ils pouvaient & devaient la faire, fans troubler l'ordre ni la paix publique, l'aurait empêchée? Et on veut que cela fignifie : " Il faut que cinq à fix cents de mes Concitoyens faffent des repréfentations, afin que mon abdication foit nulle ; il faut qu'ils les réiterent, qu'ils facrifient toute autre confidération à celle de me venger ". Quel eft l'homme jufte & faint dont la gloire pût échaper à de telles interprétations ?

Mais à qui écrit-il cette Lettre? à Mr. Chapuis, à un honnête - homme, excellent Citoyen, qui long-tems avait été fon ami, à un homme qu'il devait juger par fa Lettre, & par les foupçons qu'on lui avait infpirés, n'être en aucune manière difpofé à faire des repréfentations; on affurait qu'il était devenu un partifan du Confeil, & Rousseau trop facile à en croire fes foupçons, devait penfer que Mr. Chapuis cacherait avec foin ce qui pouvait déplaire à ceux par qui on prétendait qu'il avait été gagné; lui-même ne la publiait pas, il ne l'avait pas faite pour la rendre publique;

elle le fut cependant, & voici comment : On lui écrit que son ancien ami abuse de sa Lettre, qu'il s'en sert comme un ennemi pourrait s'en servir, qu'il en fait courir des extraits falsifiés qui le chargent, qui le font passer pour un mauvais Patriote, pour un perturbateur du repos public, que la Lettre seule peut détruire ces calomnies, on le presse d'en envoyer une copie, il l'envoie ; ceux qui le blâment avec tant de hauteur, en auraient peut-être fait autant.

Et quels effets pouvait - ils attendre de cette Lettre ? Le reproche aigrit & ne persuade pas, elle était toute sur le ton du reproche, elle était écrite avec dureté, avec amertume : prend-on ce ton pour exciter, pour séduire un Peuple éclairé ? Il y avait même une espèce de ménaces, & il savait que le Genevois s'irrite par elles, & ne s'y rend pas. Il n'était plus Citoyen de Genève, son abdication * était dans ses principes.

* Voyez le Contrat Soc. L. iii. Chap. 18.

cipes, elle était volontaire & légitime, que pouvait-il espérer des représentations ? Si Mr. Chapuis ne lui avait point écrit, en aurait-il parlé ? On l'accuse de manquer à sa Patrie, & il prouve qu'il n'y manque point ; on prétend qu'il n'a point à se plaindre de sa Patrie, & il montre comment il a à s'en plaindre ; pourquoi l'aurait-il caché à son ami ? Pourquoi ne paraît-il désirer des représentations, qu'en écrivant à un ami dont il a lieu de n'en point attendre ? Pourquoi, ni avant, ni après son abdication ne sollicite-t-il pas ses amis à en faire, pas même celui qu'il connait être le plus ardent & le plus disposé à le servir ? Pourquoi au contraire arrête-t-il un Citoyen * résolu d'en porter au Conseil ? Parce que son abdication & les représentations se suivirent, qu'elles ont quelqu'analogie entr'elles, on décide que l'une fut la cause des autres ; ou plutôt

F

---

* Mr. Marcel de Mezières.

qu'il ne fit celle-là que pour produire cel-
les-ci : on juge des fentimens qu'il eut, qu'il
a encore, par ceux qu'il exprime quand on
le met durement dans la néceffité de fe défendre, quand des reproches offenfans lui
donnent un moment d'humeur : on prouve-
rait bien des chofes avec cette manière com-
mode de raifonner. Quoi ! dans le jour
qui fuccède à celui où on l'outrage, il ne
veut pas qu'on le venge, & lorfqu'il a re-
pouffé l'infulte, qu'il a fatisfait à ce que
l'honneur demandait de lui, il aurait voulu
qu'on le vengeàt, même aux dépens de
fa Patrie ? Il ne demande point de repréfentations lorfqu'elles pouvaient lui être utiles, & on veut qu'il en ait demandé lorfqu'elles ne pouvaient plus l'être. Cherchait-il
à foulever les Citoyens contre des Magiftrats qu'il croyait injuftes, lui, qui cachait
même à fes amis ce qui les aurait irrité
contre le Confeil ? Il répondait fimplement
à ceux qui lui reprochaient fon abdication, qu'il avait été néceffité à la faire,
qu'il ne s'y était déterminé qu'avec la plus

vive douleur, & après avoir balancé long-
tems ; qu'entre divers moyens de repouffer
l'affront, il avait pris celui qui le repouf-
fait fans vengeance, & ne faifait du mal
qu'à lui feul; qu'en reftant membre de fa
Patrie, il confentait à fes outrages, & ne
lui laiffait qu'un Citoyen fans honneur, &c.
Il aurait pu leur dire : " Vous m'accufez
de manquer à ma Patrie, & que n'ai-je point
fait pour en conferver la paix ! Milord Keith
pourrait vous le dire, lui qui vit à quel
prix je mettais le repos des miens. Il fut
au milieu de vous , & porta de ma part à
vos Chefs des paroles de paix qui ne furent
point écoutées : il voulait me rendre leur
confiance, il ne put les ramener à des fentimens plus humains. Cependant que leur
demandai-je ? de révoquer un jugement injufte ; non, mais d'ôter l'opprobre que ce
jugement imprimait fur vous. Je défirais que
vos Magiftrats me permiffent encore une fois
de revoir ma Patrie, & que ma préfence
tranquille à Genève anéantît feule l'arrêt
qui m'avait profcrit; de mon côté je m'en-

gageais à ne refter qu'un petit nombre de jours avec mes amis & mes proches, & après avoir dépofé en filence entre les mains de votre Confeil l'abdication de tous mes droits de Citoyen, & figné devant eux mon exil éternel de Genève, je quittais en pleurant cette Terre chérie : trop heureux que mes facrifices inconnus de l'univers entier, & connus de vos feuls Magiftrats , euffent effacé leur injuftice, euffent rendu à ceux qui m'opprimaient alors fans crime votre confiance qu'ils n'avaient plus".

VOILA ce qu'il eût ajoûté, s'il eût voulu augmenter la fermentation qui régnait alors dans les efprits, & il ne le fit pas. Une repréfentation fe préparait cependant dans le filence, il en était un des objets, il l'ignora ; elle fut portée au Confeil par 40 Citoyens refpectables, & appuyée par un grand nombre d'autres les jours fuivans. La réponfe du Confeil fut modérée & faible, mais négative ; les déclamations de ceux qui avaient adopté fes principes, n'en furent que plus violentés. Selon eux, le Peuple n'était qu'un être imbécille qui fe mouvait au gré de quelques féditieux, R o u s s e a u était un monftre qui pour fe venger voulait faire de Genève un monceau de cendres : ils répandaient ces bruits par toute l'Europe. Les repréfentations allaient fe réitérer, il y avait plus de chaleur que dans la première ; quelques fages n'en prévirent pas moins qu'elles feraient inutiles ; un Citoyen qui penfait comme eux, & voyait avec douleur que les fuites funeftes qu'elles pourraient avoir, feraient rejettées fur Rousseau, qu'on pourrait enfin l'accufer dans l'Etranger, comme à Genève, de fomenter les divifions, voulut fauver la réputation de fon ami ; il lui confeilla d'écrire pour calmer le Peuple & rendre à l'Etat fa première tranquillité. Il reçut cette réponfe :

" Votre avis eft honnête & fage. J'y reconnais la voix d'un ami, je vous remercie & j'en profite. Mais avec auffi peu de crédit à Genève, que puis-je faire pour m'en faire écouter, fur-tout dans une affaire qui n'eft pas tellement la mienne, qu'elle ne foit auffi celle de tous? Renoncer au moins pour ma part à l'intérêt que j'y puis avoir, en déclarant nettement, comme je le fais aujourd'hui, qu'à quelque prix que ce foit je n'accepterai jamais la reftitution de ma Bourgeoifie, & que je ne rentrerai jamais dans Genève. J'ai fait ferment de l'un & l'autre; ainfi me voilà lié fans retour, & tout ce qu'on peut faire pour me rapeller eft parconféquent inutile & vain. J'écris de plus à D. L. une Lettre très-forte pour l'engager à fe retirer; j'en écris autant à mon coufin Rouffeau: voilà tout ce que je puis faire, & je le fais de très-bon cœur, rien ne dépend plus de moi. L'interprétation qu'on donne à ma Lettre à Chapuis eft auffi raifonnable, que fi lorfque j'ai dit *non*, on en concluait que j'ai voulu dire *oui*. Voulez-vous que je me défende devant des fourbes ou des ftupides? Je n'ai jamais rien fu dire à ces gens-là, & je ne veux pas commencer. Ma conduite eft, ce me femble, uniforme & claire, pour l'interpréter ; il ne faut que du bon sens & un cœur droit.... O ce respectable Abauzit ! je suis donc condamné à ne le revoir jamais ? Ah ! je me trompe, j'espère le revoir dans le séjour des justes. En attendant que cette commune Patrie nous rassemble, adieu mon ami. Motiers 7 Juillet 1763 ".

Dans le même tems il écrivit à Mr. de G. la Lettre qui suit :

" J'apprends, mon cher.... que vous êtes à Genève, & cela redouble mon regret de ne pouvoir passer dans cette Ville, comme je comptais faire après toutes ces tracasseries, pour aller à Chamberi revoir mes anciens amis. Forcé de renoncer à ma Bourgeoisie, pour ne pas consentir à mon deshonneur, j'aurais passé comme étranger, & avec quel plaisir j'eusse oublié dans les bras de mon cher G. tous les maux que la Nature & les hommes rassemblent sur ma tête ! Mais la démarche tardive & déplacée de

la Bourgeoifie, & l'étrange réponfe du Confeil me forcent, de peur d'attifer le feu
par ma préfence, à m'abftenir d'un voyage
que je voulais faire en paix. Après s'être
tû quand il fallait parler, on parle quand il
faut fe taire, ou que ce qu'on peut dire
n'eft plus bon à rien. L'affection que j'aurai
toujours pour ma Patrie, me fait defirer
fincèrement que tout ce qui s'eft fait en ma
faveur, mais fans mon aveu, n'ait aucune
fuite, & je l'ai écrit à mes amis. Mais ne
m'ayant ni défendu dans mes malheurs, ni
confulté dans leur démarche, auront-ils
plus d'égards à mes repréfentations, qu'ils
n'en eurent pour mes intéréts, lorfqu'ils
n'étaient que ceux des Loix & les leurs?
Dans le doute de mon crédit fur leur efprit, j'ai pris le dernier parti que je devais
prendre, en leur déclarant le ferment que
j'ai fait, de ne jamais reprendre le titre de
leur Concitoyen, quoi qu'il arrive, & de ne
jamais rentrer dans leurs murs. C'eft le feul
moyen qui me reftait d'affoupir cette affaire,
autant du moins que mon intérêt y peut in-
fluer.

fluer. Ce ferait, j'en conviens, me donner une importance bien ridicule, fi on ne l'eût rendue néceffaire, & dont je ne faurais d'ailleurs être fort vain, puifque je ne la dois qu'à mes malheurs. Ainfi rien ne manque à mes facrifices : puiffent-ils être auffi utiles, que je les fais de bon cœur, quoique j'en fois déchiré " !

" Ce qui m'afflige le plus dans cette réfolution, c'eft l'impoffibilité où elle me met d'embraffer jamais mes amis à Genève, &c."

CES Lettres dans lefquelles on reconnaît l'honnête-homme, le vrai Citoyen, dans lefquelles on reconnaît ROUSSEAU, ne produifirent aucun effet. Dans le tems qu'il fignait fon exil volontaire pour pacifier fa Patrie, fes ennemis redoublaient leurs déclamations, & le Peuple qui le voyait mieux mériter le nom de Citoyen dans le tems qu'il y renonçait pour toujours, n'en fut que plus affligé de l'avoir perdu, & plus difpofé à regarder fes ennemis comme les fiens &

ceux de la Patrie. D'ailleurs un objet in_
quiéta bientôt les Citoyens: le Conseil ma-
nifesta sa prétention sur le *droit négatif* ab-
solu, & tel qu'il l'expliqua, il menaçait plus
la liberté publique, que les objets particu-
liers des représentations. Peu de tems après
parurent les Lettres écrites de la Campagne:
cet ouvrage était écrit avec toute la modération & tout l'art possible; il y avait beaucoup de raisons, & peut-être autant de sophismes: par les premières on pouvait pen-
ser que si l'Auteur se trompait, c'était sans
le vouloir, & par le desir même de faire
le bien de sa Patrie; & par les autres, on
soupçonnait qu'il avait un but qu'il s'efforçait
d'atteindre, qu'il voulait éblouir; que là
où la connaissance des hommes & des cho-
ses ne lui fournissait pas assez de moyens,
il savait joindre les secours d'une imagina-
tion brillante. L'éloquence ne se cachait dans
cet écrit, que pour produire des effets plus
sûrs. Il devait convaincre les étrangers, car
pour sentir ses défauts, il ne suffisait pas
de connaître notre Constitution, il fallait

encore en avoir vu le jeu de bien près : il devait étonner & presque séduire les Genevois mêmes qui retrouvaient dans un Gouvernement, qui n'était pas le leur, toutes les parties de leur Gouvernement, & qui voyaient dans le système de l'Auteur, la liberté germer chez eux du seul principe qui devait la détruire. Mais Humes aurait dit, que dans un tel Gouvernement il n'y a pas de liberté, quand la négative du Sénat précède celle du Peuple, où la volonté d'un Corps particulier qui interprète la Loi, peut anéantir en quelque manière le Législateur même, & soumet ainsi la volonté de tous à la sienne. Montesquieu aurait pensé que l'Auteur détruisait Bisance pour rebâtir Calcedoine avec ses ruines. Divers Citoyens prierent ROUSSEAU de répondre à cet écrit, il le refusa ; ils ne se rebuterent pas, leurs sollicitations devinrent plus vives, leurs raisons plus pressantes ; ils le conjurerent de ne pas les abandonner : " Vous seul, lui disait-on, vous seul pouvez y répondre ; nous en démêlons les erreurs, mais nous ne saurions les détruire avec la même force & la même éloquence qui les a établies ; nous ne nous ferions entendre qu'à nos Citoyens, & cet ouvrage se répand dans l'Europe ; écrit avec la modération la plus imposante, ses sophismes sont étayés de réflexions profondes & de raisons séduisantes ; il combat nos droits d'une main d'autant plus sûre, qu'elle ne semble s'élever que pour les soutenir. En cessant d'être notre Concitoyen, avez-vous cessé d'être Genevois ? La Patrie en vous devenant étrangère, ne vous est pas devenue indifférente, & sa liberté peut-elle l'être pour vous ? Verrez-vous d'un œil tranquille un écrit qui en sape les fondemens ? Si jamais nos troubles civils amenaient la médiation au milieu de nous, quel effet ne ferait-il pas sur des Ministres étrangers, puisqu'il en fait sur le Genevois même ? " Ces considérations n'étaient pas sans force ; il en est une encore qui aide à le déterminer : il était attaqué dans ces Lettres, son Emile y était déclaré antichrétien, son *Contrat Social* destructif de tout Gouverne-

ment ; enfin fon décrêt y étant avoué &
foutenu légal , on le mettait dans la néceffité ou de venir purger le décrêt , ce qu'il
ne pouvait faire fans mettre la Ville en feu ;
ou de répondre , ce qu'il fit.

LES Miniftres de Genève ne furent point
ménagés dans fon ouvrage , & il avait en
effet des raifons de fe plaindre d'eux. Ils
paraiffaient fouvent oublier, en combattant
fes opinions, que ce n'eft point de leur
chaire qu'on doit répandre l'aigreur & le fiel ;
qu'elle doit être le trône de l'humanité , de
l'équité , de la modération , ou du moins de
la décence : ROUSSEAU le favait & n'igno-
rait pas que les Miniftres l'oubliaient : il apprit
que le Profeffeur *Vernet* devait le refuter,
il le prevint par une Lettre ; il lui déclarait, " qu'il était prêt à convenir de fes erreurs , dès qu'il les lui aurait fait connaître ; que s'il n'était pas convaincu , il lui
faurait toujours gré de l'honneur qu'il lui
aurait fait en le refutant, & qu'il ferait re-
connaiffant des bontés de fon Pafteur ; mais

qu'il le conjurait de ne pas lui refuſer le titre de Chrétien dont il croyait qu'on ne pouvait le dépouiller ſans injuſtice ". Le Profeſſeur répondit que ſi ROUSSEAU voulait déclarer qu'il croyait la réſurrection de Jé-ſus, telle qu'on l'enſeignait, & par-là, tous les faits miraculeux, il lui donnerait le nom de Chrétien. ROUSSEAU fut indigné qu'on lui propoſât de ſe retracter avant d'a-voir daigné le convaincre, avant d'avoir écrit pour le ramener. Il attendit l'ouvrage de Mr. Vernet: celui-ci ne le fit pas, d'au-tres occupations l'appellaient, ou il craignit de compromettre ſa reputation avec un ad-verſaire ſi redoutable ; il donna ſes matériaux à un de ſes Collègues ; il le flatta, en fit une colonne de l'Egliſe, & l'on vit un hon-nête-homme, un Miniſtre qui devait prêcher la charité, conſacrer ſes veilles à prouver que ROUSSEAU, l'ami de l'humanité, & long-tems le ſien, que ROUSSEAU perſécuté, dé-crêté, n'était pas Chrétien. Un autre de ces Miniſtres, conduit ſans douſe par un zèle doux, par cet eſprit de ſupport qu'il peignait

quelquefois fi bien, blâma fon ami (le Pafteur Montmollin) d’avoir donné la Cène à
un homme qui ne croyait guère qu’à la mo-
rale de Chrift. ROUSSEAU était trop fenfible,
pour ne pas être affecté vivement de ces
tracafferies eccléfiaftiques. “ N’ai-je pas affez
des affaires , difait-il dans une Lettre imprimée
où il défavoue la réponfe à l’Archevêque
d’Auch , n’ai-je pas affez des affaires qu’on
me fufcite, fans m’aller mêler de celles
d’autrui ? Depuis quand m’a-t-on vu devenir
homme de parti ? Quelqu’un me connaît-il
affez lâche pour infulter aux malheureux ?
Et fi j’oubliais les égards qui leur font dûs ,
de qui pourraient-ils en attendre ? “ Enfin,
il avait fu que fans en être requife, l’Affemblée des Pafteurs avait déclaré que la
procédure du Confeil à fon égard, que le
jugement de fes écrits avait été légal. On
voit l’idée qu’il avait de ces Meffieurs dans
une Lettre à ° Mr.... “ Les Eccléfiaftiques
font bien moins mes ennemis , que des inf-
trumens aveugles & oftenfibles dans les mains
de mes ennemis adroits & cachés. Le Clergé

Catholique, qui feul avait à fe plaindre de moi, ne m'a jamais fait ni voulu aucun mal ; & le Clergé Proteftant, qui n'avait qu'à s'en louer, ne m'en a fait & voulu, que parce qu'il n'a pas vu que fes ennemis & les miens le faifaient agir contre tous fes vrais intérêts ".

ON doit reconnaître que ROUSSEAU dans fa réponfe n'eut pas toute la modération dont fon adverfaire lui avait donné l'exemple ; il oublia que ceux contre qui il écrivait, étaient les Concitoyens de ceux qu'il voulait fervir. Il paraît l'avoir fenti lui-même ; il répond à un ami le 5 Janvier 1765 : " Quant à mon dernier écrit, loin de l'avoir fait par animofité, je ne l'ai fait qu'avec la plus grande repugnance, & vivement follicité ; c'eft un devoir que j'ai rempli fans m'y complaire ; mais je n'ai qu'un ton, tant pis pour ceux qui me forcent à le prendre, car je n'en changerai fûrement pas pour eux. Du refte ne craignez rien de l'effet de mon Livre, il ne fera de mal qu'à moi. Je connais

nais mieux que vous la Bourgeoifie de Genève, elle n'ira pas plus loin qu'il ne faut,
je vous en réponds ".

Hi motus animorum, atque certamina tanta
Pulveris exigui jaƈtu compreſſa quiefcent.

IL écrivait à un Citoyen : " Il ne faut
jamais dans vos écrits paſſer au-delà d'un ton
refpectueux, mais ferme & noble. Vos Magiſtrats n'étant plus mes Supérieurs, je puis
vis-à-vis d'eux prendre un ton qui ne vous
conviendrait pas ". 7 Janvier 1765.

MAIS parce qu'il ne fut pas toujours impartial, parce que fes malheurs lui peigni-
rent les objets fous des couleurs plus fom-
bres, doit-on en conclure que c'eft un homme affreux qui voulait fe venger à tout prix ?
Doit-on croire qu'il défirât que Genève ceſſa
d'être, ou du moins, que le fang de fes
ennemis en baignât les pavés ? Ces imputa-
tions atroces ne prouvent que la haine qui
les dicta à des ames faibles ; j'en appelle

rais fur ce point à fes ennemis même; mais à ceux qui font doués d'un efprit jufte & d'une ame ferme. Ce qui précède le juf-tifie, tout ce qui fuit le juftifie encore : je ne me permettrai que d'ajoûter ici une preuve. S'il n'eût pas cru fes intentions droi-tes & pures ; comment eût-il fait préfenter fon Livre à un homme refpectable dont il connaiffait la droiture, la modération & les lumières? Sa main tremblante ne fe ferait-elle pas refufée à tracer ces mots au fage Abauzit : " Vous connaiffez les raifons de mes adverfaires, voilà les miennes ; jugez-les, jugez-moi; ils ont pu me punir, fi j'é-tais coupable ; mais fi Caton m'abfout, ils m'ont opprimé ". Eut-il pu écrire à un de fes amis, lorfqu'il travaillait à fon ouvrage: " Je fuis charmé, mais non furpris de ce que vous me marquez de la part de Mr. Abauzit. Cet homme vénérable eft trop éclai-ré pour ne pas voir mes intentions, & trop vertueux pour ne pas les approuver. 15 Septembre 1764". Et dans une Lettre à Mr. R. " Saluez tendrement & refpectueufement Mr. Abauzit; marquez-lui qu'il ne fe peut pas qu'un homme qui fait honorer dignement fa vertu, en foit dépourvu lui-même. Affurez-le que quoi que puiffent faire & dire & Mr.... & les Gazetiers, &... & toutes les Puiffances de la terre, mon ame reftera toujours la même; elle a paffé par toutes les épreuves, & les a foutenues, il n'eft pas au pouvoir des hommes de la changer ".

DANS aucun tems il ne ceffa de défirer la paix; on le voit par fes Lettres, où il déployait fon ame dans le fein de l'amitié. Lorfque la fermentation était la plus violente, il écrivait à un des Chefs des Repréfentans : " Tout ce qu'on me marque de Mr. le premier Syndic, eft d'un Magiftrat bien fage ; fi les autres l'étaient autant, tout ferait bientôt pacifié, & les chofes rentreraient dans l'état douteux, où peut-être il ferait à défirer qu'elles fuffent encore. 31 Décembre 1764 ". Il lui écrivait encore : " Si les Genevois font fages, ils fe réuniront, mais paifiblement; ils ne fe livreront à aucune impétuofité, & ne feront aucune démarche brufque. La combinaifon des droits, des préjugés, des circonftances, exigent dans les démarches autant de fageffe que de fermeté. Il eft des momens qui ne reviennent plus quand on les néglige; mais il faut autant de pénétration pour les connaître, que d'adreffe à les faifir. 5 Janvier 1765 ''. Confulté par le même Citoyen, il répond : L'idée de faire une déclaration fommaire des griefs eft excellente, mais il faut éviter de la faire d'une manière trop dure, qui mette le Confeil trop au pied du mur. Demander que le jugement contre moi foit revoqué, c'eft demander une chofe infuportable pour eux. Mais demander fi l'article de l'Ordonnance Eccléfiaftique ne s'applique pas aux Auteurs des Livres, ainfi qu'à ceux qui dogmatifent de vive voix, c'eft exiger une décifion très-raifonnable, qui dans le droit aura la même force, en fuppofant l'affirmative, que fi la procédure était annullée, mais qui fauve le Confeil de l'affront de l'annuller ouvertement. Sauvez à vos Magiſtrats des retraćtations humiliantes, & prévenez les interprétations arbitraires pour l'avenir. Il y a cependant des points ſur leſquels on doit exiger des déclarations expreſſes : tels ſont les Tribunaux ſans Syndic, tels ſont les empriſonnemens d'office. Laiſſez-là le petit point d'honneur, & allez au ſolide, voilà mon avis. 17 Janvier 1765 ".

LE 7 Février les Repréſentans porterent au Conſeil une déclaration telle que la déſirait ROUSSEAU : elle parut être bien reçue, on ne parlait que de paix, & pendant quelques jours on eſpéra la voir renaître. ROUSSEAU, en ſe défiant des apparences, ſe livra cependant à la joye qu'elles inſpiraient aux bons Patriotes. Il écrivit alors à Mr. de G. : " Il paraît à Genève une eſpèce de deſir de ſe rapprocher de part & d'autre. Plût à Dieu que ce deſir fût ſincère ! que j'euſſe la joye de voir finir ces diviſions dont je ſuis la cauſe innocente ! Et plût à Dieu que je puiſſe contribuer moi-même à cette bonne œuvre par toutes les déférences & satisfactions que l'honneur peut me permettre! Je n'aurais rien fait dans ma vie de si bon cœur ; & dès ce moment je me tairais pour toujours ''.

MAIS ces espérances se dissiperent bientôt ; le Conseil fit publier un Placard qui annonçait sa persévérance dans tous ses refus ; & deux mois après il les confirma encore. ROUSSEAU fut pénétré de douleur, comme s'il se fut reposé sur ces apparences. '' Ce qui arrive ne me surprend point, écrivait-il à un ami, je l'ai toujours prévu, & j'ai toujours dit qu'en pareil cas, il fallait s'en tenir là. Au lieu de faire tout ce qu'on peut, il suffit de faire tout ce qu'on doit, & cela est fait. On ne saurait aller plus loin sans exposer la Patrie & le repos public, ce que le Sage ne doit jamais. Quand il n'y a plus de liberté commune, il reste une ressource, c'est de cultiver la liberté particulière, c'est-à-dire la vertu. L'homme vertueux est toujours libre, car en faisant son devoir, il ne fait jamais que ce qu'il veut. Si la Bourgeoisie de Genève savait remonter à ses principes, épurer ses goûts, prendre des mœurs plus sévères, en livrant ces Messieurs à l'avilissement des leurs, elle leur deviendrait encore si respectable, qu'avec leur morgue apparente ils trembleraient devant elle ".

Les Conseils que ROUSSEAU donnait à ses amis, il les suivit lui-même : dès-lors il ne se mêla plus des affaires publiques que par ses vœux pour la paix, pour le bonheur de ses Concitoyens. " Je vous prie, disait-il à son ami, de vouloir saluer Messieurs *** (c'était quelques-uns des principaux Représentans) & leur dire que je ne puis leur écrire. Comme cela n'est plus nécessaire ni utile, il n'est pas raisonnable de l'exiger. On ne doit pas m'envier le repos que je demande, & je crois l'avoir assez payé. " Quand des tracasseries qui ne sont pas de mon sujet l'eurent déterminé à passer en Angleterre, non-seulement il ne conseilla sau-

cune démarche aux Citoyens, mais il voulut ignorer celles qu'ils faisaient, ne se for-
mant que des images siniftres des suites que
pourrait avoir l'apel de la médiation, il re-
fufa ceux qui voulaient l'en inftruire. " Je
ne connais plus d'autres biens que la paix
de l'ame, écrivait-il à M., & des jours
achevés en repos loin du tumulte & des
hommes. Je vous remercie de l'offre que
vous me faites de m'inftruire de tout ce
qui fe paffe, mais je ne l'accepte pas. Je
ne prévois que trop ce qui arrivera, comme
j'ai prévu tout ce qui arrive; la Bourgeoifie n'a démenti en rien la haute opinion que
j'avais d'elle; ſa conduite toujours fage,
toujours modérée & ferme dans d'auffi cruel-
les circonftances, offre un exemple peut-
étre unique & bien digne d'étre célébré ".
De retour en France, il apprit qu'une au-
rore de paix s'élevait fur fa Patrie, il vit
un extrait du plan de pacification que pro-
pofait le Confeil, il l'examina avec impar-
tialité, il y fit quelques changemens & des
additions; " les unes, dit-il, favorables,

les

les autres contraires aux Repréſentans, ſelon qu'il m'avait paru néceſſaire pour faire un tout plus ſolide & bien pondéré ". Il propoſait encore de faire un Règlement proviſionnel pour vingt ans, au bout deſquels on pourrait l'annuller ou le confirmer, ſelon qu'on l'aurait reconnu bon ou mauvais par l'uſage. " On doit tout faire, diſait-il, pour appaiſer ce moment de chaleur qui peut avoir les ſuites les plus funeſtes ". Et il ajoûte en s'adreſſant à ſon ami. " Vous devez le ſavoir, Monſieur, ſi j'en avais été cru, non-ſeulement * on n'eût point ſoutenu

I

⁕)⊱)⊰⊱⊰⊱)⊰⊱⊰⊱)⊰ ¿ ⊱)⊰⊱⊰⊱)⊰⊱⊰⊱)⊰⊱⊰

* A cette preuve qu'il n'eût point de part aux Repréſentations, on peut ajoûter celle-ci. Dans une Lettre à un des principaux Repréſentans, il dit : " La réponſe du Conſeil aux dernières Repréſentations ne m'étonne point; mais ce qui m'étonne, c'eſt la perſévérance des Citoyens & Bourgeois à faire des Repréſentations. 6 Juillet 1764". Et quant aux conſeils modérés qu'il donna tou-

les Repréſentations, mais on n'en eût point fait ; car naturellement je ſentais qu'elles ne pouvaient avoir ni ſuccès ni ſuite, que tout était contre les Repréſentans, & qu'ils feraient infailliblement les victimes de leur zèle Patriotique. J'étais bien éloigné de prévoir ce grand & beau ſpectacle qu'ils viennent de donner à l'Univers, & qui, quoi qu'en puiſſent dire nos contemporains, fera l'admiration de la poſtérité. Cela devrait bien guérir vos Magiſtrats d'ailleurs ſi éclairés & ſi ſages ſur tout autre point, de l'erreur de regarder le Peuple de Genève comme une Populace ordinaire. Tant qu'ils ont

⇒)(•)|(•)(⇐⇒)(•)|(•)(⇐⇒)(•)|(•)(⇐? ⇒)(•)|(•)(⇐⇒)(•)|(•)(⇐⇒)(•)|(•)(⇐

jours, on en peut atteſter la conférence qu'il eut à Thonon avec quelques Chefs populaires ; il ne ceſſa d'inſiſter ſur le danger qu'il y avait d'aller au-delà de ce qu'on avait fait ; il voulait qu'on attendît du tems la juſtice que le Conſeil refuſait alors : on peut voir le récit qu'en fait un des témoins dans une Lettre qui fut aſſez publique dans ſon tems.

agi fur ce faux préjugé, ils ont fait de grandes fautes qu'ils ont bien payées, & je prédis qu'il en fera de même tant qu'ils s'obftineront dans ce mépris très - mal entendu. Je reviens à moi. Le malheur que j'ai eu d'être impliqué dans les commencemens de vos troubles, m'a fait un devoir dont je ne me fuis départi, de n'être ni la caufe, ni le prétexte de leur continuation. C'eft ce qui m'a empêché de purger le décrêt; c'eft ce qui m'a fait renoncer à ma Bourgeoifie; c'eft ce qui m'a fait faire le ferment de ne rentrer jamais dans Genève; c'eft ce qui m'a fait parler & écrire à tous mes amis, comme j'ai toujours fait; & j'ai encore renouvellé en dernier lieu à Mr. *** les mêmes déclarations que j'ai fouvent faites fur cet article, ajoûtant même que s'il ne tenait qu'à une démarche auffi refpectueufe qu'il foit poffible pour appaifer le Confeil, j'étais prêt à la faire, hautement, de tout mon cœur. Pourvû que vous ayez la paix, rien ne me coûtera, Mr., je vous le protefte, & cela fans efpoir d'aucun retour de jufti-

ce & d'honnêteté de la part de perſonne.
Les réparations qui me ſont dûes ne me
feront faites qu'après ma mort, je le ſais,
mais elles ſeront grandes & ſincères, j'y
conſens, & cela me ſuffit. Malheureuſement
je ne peux rien, je n'ai nulle eſpèce de
crédit dans Genève, pas même parmi les
Repréſentans : Si j'en avais eu, je vous le
répète, tout ce qui s'eſt fait, ne ſe ferait
point fait. D'ailleurs je ne puis qu'exhorter,
& ne veux point tromper. 7 Mars 1768 ".
La Lettre qu'il écrivit à un des Chefs du
Peuple, quand il apprit que Genève enfin
était en paix, a été aſſez connue. Il y ex-
horte ſes Compatriotes à effacer tout ce
qui reſte des diſſentions paſſées, à jouir
du bonheur préſent, à croire les intentions
des Magiſtrats pures & ſincères. Cette Lettre qui fait honneur aux Magiſtrats, aux
Citoyens, à lui-même, eſt le dernier écrit
qu'on ait de lui-même.

TEL eſt cet homme dont on calomnia la
vie, après l'avoir ſemée d'amertumes. Il al-

ma la paix, il voulut toujours le bien, fa fenfibilité extrême ajoûta à fes malheurs, elle les accrut, elle lui fit partager ceux des autres. Je n'efpère pas détruire tous les préjugés, il en eft d'incurables ; mais fi j'ai pu les détruire dans quelques ames honnêtes, fi j'ai pu les intéreffer à celui que j'ai voulu faire connaître, je fuis fatisfait. Amis de l'humanité, c'eft pour vous que j'ai fait cet écrit, c'eft de vous que j'en attends le prix. ROUSSEAU honora l'humanité par fon génie, & fi fes ennemis en étaient crus, il {l'aviliffait par fes fentimens ; j'ai prouvé qu'ils fe trompaient ; j'ai offert un nouvel exemple de l'injuftice des jugemens humains ; j'ai montré que des yeux fafcinés par la haine jugent mal des hommes. Si l'homme vertueux m'approuve, tous mes vœux font remplis.

F I N.

Nous croyons faire plaisir au Public en publiant les quatre Lettres suivantes, que Mr. Rousseau écrivit, lorsqu'obligé de quitter Neufchâtel, il se retira dans la petite Isle de St. Pierre.

LETTRES

LETTRES

DE Mr ROUSSEAU

A Mr DE GRAFFENVIED,

Seigneur de Worb, Baillif à Nidau.

PREMIERE LETTRE.

A l'Isle de St. Pierre, le 17 8bre 1765.

MONSIEUR,

J'Obéirai à l'ordre de LL. EE. avec le regret de fortir de votre Gouvernement & de votre voifinage, mais avec la confolation d'emporter votre eftime & celle des honnê-tes gens. Nous entrons dans une faifon dure, fur-tout pour un pauvre infirme; je ne fuis point préparé pour un long voyage, & mes affaires demanderaient quelques préparations ; j'aurais souhaité, Monsieur, qu'il vous eût plu de me marquer si l'on m'ordonnait de partir sur-le-champ, ou si l'on voulait bien m'accorder quelques semaines pour prendre les arrangemens nécessaires à ma situation. En attendant qu'il vous plaise de me prescrire un terme, que je m'efforcerai même d'abréger, je supposerai qu'il m'est permis de séjourner ici jusqu'à ce que j'aye mis l'ordre le plus pressant à mes affaires ; ce qui me rend ce retard presque indispensable, est que sur des indices que je croyais sûrs, je me suis arrangé pour passer ici le reste de ma vie, avec l'agrément tacite du Souverain. Je voudrais être sûr que ma visite ne vous déplairait pas, quelque précieux que me soient les momens en cette occasion, j'en déroberai de bien agréables pour aller vous renouveller, Monsieur, les assurances de mon respect.

II. LETTRE

II. LETTRE.

A l'Isle de St. Pierre le 20 8bre 1765.

MONSIEUR,

LE triste état où je me trouve, & la confiance que j'ai dans vos bontés me déterminent de vous supplier, de vouloir bien faire agréer à LL. EE. une proposition qui tend à me délivrer une fois pour toutes des tourmens d'une vie orageuse, & qui va mieux, ce me semble, au but de ceux qui me poursuivent, que ne fera mon éloignement. J'ai consulté ma situation, mon âge, mon humeur, mes forces. Rien de tout cela ne me permet d'entreprendre en ce moment, & sans préparation, de longs & de pénibles voyages. , d'aller errant dans des pays froids, & de me fatiguer à chercher au loin un asyle, dans une saison où mes infirmités ne me permettent pas même de sortir de la

K

chambre. Après ce qui s'eſt paſſé, je ne puis me réſoudre à rentrer dans le territoire de Neufchâtel, où la protection du Prince & du Gouvernement ne ſauront me garantir des fureurs d'une populace excitée, & qui ne connaît aucun frein. Vous comprenez, Monſieur, qu'aucun des Etats voiſins ne voudra ou n'oſera donner retraite à un malheureux ſi durement chaſſé de celui-ci. Dans cette extrémité je ne vois pour moi qu'une ſeule reſſource, & quelqu'effrayante qu'elle paraiſſe, je la prendrais non-ſeulement ſans repugnance, mais avec empreſſement, ſi LL. EE. veulent bien y conſentir : c'eſt qu'il leur plaiſe que je paſſe en priſon le reſte de mes jours, dans quelqu'un de leurs Châteaux, ou tels autres lieux de leur Etat, qu'il leur ſemblera bon de choiſir. J'y vivrais à mes dépens, & je donnerais ſûreté de n'être jamais à leur charge; je me ſoumettrais de n'avoir ni papier, ni plumes, ni aucune communication au dehors, ſi ce n'eſt pour l'abſolue néceſſité, & par le canal de ceux qui ſeront chargés de moi. Seulement qu'on me laiſſe avec quelques livres la liberté de me promener quelquefois dans un jardin , & je ſuis content. Ne croyez point, Monſieur , qu'un expédient ſi violent en apparence ſoit le fruit du déſeſpoir ; j'ai l'eſprit très-calme en ce moment, je me ſuis donné le tems d'y bien penſer , & c'eſt d'après de profondes conſidérations ſur mon état, que je m'y détermine. Conſidérez, je vous ſupplie, que ſi ce parti eſt extraordinaire, ma ſituation l'eſt encore plus , mes malheurs ſont ſans exemple ; la vie orageuſe que je mene depuis pluſieurs années ferait terrible pour un homme en ſanté , jugez de ce qu'elle doit être pour un pauvre infirme épuiſé de maux & d'ennuis, & qui n'aſpire qu'à mourir en paix. Toutes les paſſions ſont éteintes dans mon cœur , il ne reſte que l'ardent deſir de la retraite & du repos, je les trouverais dans l'habitation que je demande. Délivré de la ſotte importunité des curieux , & à couvert de nouvelles cataſtrophes , j'attendrais tranquillement la dernière, & n'étant plus inftruit de ce qui fe paffe dans le monde, je ne ferais plus attrifté de rien. J'aime la liberté fans doute, mais la mienne n'eft pas au pouvoir des hommes, & ce ne feront pas des murs, ni des clefs qui me l'ôteront. Cette captivité, Monfieur, me paraît fi peu terrible, je fens fi bien que je jouirais de tout ce bonheur que je puis encore efpérer dans cette vie, que par-là même, quoiqu'elle doive délivrer mes ennemis de toute inquiétude à mon égard, je n'ofe efpérer de l'obtenir; mais je ne veux rien avoir à me reprocher vis-'à-vis de moi, non plus que vis-à-vis d'autrui; je veux pouvoir me rendre témoignage, que j'ai tenté tous les moyens praticables & honnêtes qui pouvaient m'affurer le repos, & prévenir les nouveaux orages qu'on me force d'aller chercher. Je connais, Monfieur, les fentimens de juftice & d'humanité dont votre ame généreufe eft remplie, je fens tout ce qu'une grace de cette efpèce peut vous coûter à demander, mais quand vous aurez compris que vû ma fituation, cette grace en ferait en effet une très-grande pour moi, ces mêmes fentimens qui font votre répugnance., me font garants que vous faurez la furmonter : j'attends pour prendre définitivement mon parti, qu'il vous plaife de m'honorer de quelque réponfe. Daignez, Monfieur, je vous fupplie agréer mes excufes & mon refpect.

III LETTRE.

Du 22 *8bre* 1765.

MONSIEUR,

JE puis, Monsieur, quitter samedi pro-chain l'Isle de St. Pierre, & je me confor-merai en cela à l'ordre de LL. EE.; mais vû l'étendue de leurs Etats & ma triste si-tuation, il m'est absolument impossible de sortir le même jour de l'enceinte de leur territoire. J'obéirai en tout ce qui me sera possible; si LL. EE. me veulent punir de ne l'avoir pas fait, Elles peuvent disposer à leur gré de ma personne & de ma vie; j'ai appris à m'attendre à tout de la part des hom-mes, ils ne prendront pas mon ame au dé-pourvû. Recevez, homme juste & généreux, les assurances de ma respectueuse reconnais-sance, & d'un souvenir qui ne sortira jamais de mon cœur.

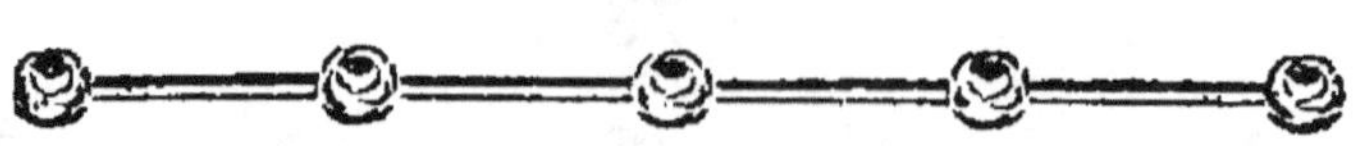

IV. LETTRE.

A Biene le 25 8bre 1765.

JE reçois, Monsieur, avec reconnaissance
les nouvelles marques de vos attentions &
de vos bontés pour moi ; mais je n'en pro-
fiterai pas pour le présent : les prévenances
& sollicitations de Messieurs de Biene me
déterminent à passer quelque tems avec eux,
& ce qui me flatte dans votre voisinage.
Agréez, Monsieur, je vous supplie, mes
remercimens, mes salutations & mon respect.

www.ingramcontent.com/pod-product-compliance
Lightning Source LLC
Chambersburg PA
CBHW071326030726
47594CB00002B/553